CB082143

INICIAÇÃO À VIDA CRISTÃ

BATISMO DE CRIANÇAS

Coleção Água e Espírito

Iniciação à vida cristã

- *Batismo; Confirmação / Eucaristia de adultos*
  Livro do Catequista e Livro do Catequizando
  Leomar A. Brustolin e Antonio Francisco Lelo

- *Catecumenato crismal*
  Livro do Catequista, Livro do Crismando e Livro da Família
  Nucap

- *Perseverança*
  Livro do Catequista, Livro do Catequizando e Livro da Família
  Nucap

- *Eucaristia*
  Livro do Catequista, Livro do Catequizando e Livro da Família
  Nucap

- *7-8 anos*
  Livro do Catequista e Livro do Catequizando e da Família
  Nucap

- *Iniciação à vida cristã dos pequeninos*
  Livro do Catequista e Portfólio do Catequizando e da Família
  Erenice Jesus de Souza

- *Batismo de crianças*
  Livro do Catequista e Livro dos Pais e Padrinhos
  Nucap

Núcleo de Catequese Paulinas – Nucap

Iniciação à Vida Cristã

Batismo de Crianças

Livro dos Pais e Padrinhos

Paulinas

Dados Internacionais de Catalogação na Publicação (CIP)
(Câmara Brasileira do Livro, SP, Brasil)

Iniciação à vida cristã : batismo de crianças : livro dos pais e padrinhos / Núcleo de Catequese Paulinas - NUCAP. – 6. ed. – São Paulo : Paulinas, 2013. – (Coleção água e espírito)

Bibliografia.
ISBN 978-85-356-3593-5

1. Batismo 2. Sacramentos I. Núcleo de Catequese Paulinas - NUCAP. II. Série.

13-06985 CDD-264.025

Índice para catálogo sistemático:

1. Batismo : Sacramentos : Igreja Católica : Cristianismo 264.025

Direção-geral: *Flávia Reginatto*
Editores responsáveis: *Vera Ivanise Bombonatto e Antonio Francisco Lelo*
Redatores: *Antonio Franscisco Lelo (coordenador), Paulo César Dictoro e Celson Altenhofen*
Copidesque: *Anoar Jarbas Provenzi*
Revisão: *Ruth Mitzuie Kluska e Jaci Dantas*
Direção de arte: *Irma Cipriani*
Gerente de produção: *Felício Calegaro Neto*
Capa e editoração eletrônica: *Manuel Rebelato Miramontes*
Ilustração de capa: *Gustavo Montebello*

Nenhuma parte desta obra poderá ser reproduzida ou transmitida por qualquer forma e/ou quaisquer meios (eletrônico ou mecânico, incluindo fotocópia e gravação) ou arquivada em qualquer sistema ou banco de dados sem permissão escrita da Editora. Direitos reservados.

6ª edição – 2013
5ª reimpressão – 2019

Paulinas

Rua Dona Inácia Uchoa, 62
04110-020 – São Paulo – SP (Brasil)
Tel.: (11) 2125-3500
http://www.paulinas.com.br – editora@paulinas.com.br
Telemarketing e SAC: 0800-7010081

© Pia Sociedade Filhas de São Paulo – São Paulo, 2008

Nasce para o céu um povo de raça divina, gerado pelo Espírito fecundador destas águas. A mãe Igreja dá à luz nestas águas o fruto virginal concebido por obra do Espírito. Não há diferença entre os que renascem: são um só pelo único banho, pelo único Espírito, pela única fé. Tu, que foste gerado nestas águas, vem à unidade à qual o Espírito Santo te chama para comunicar-te seus dons.

(Inscrição do frontispício do batistério
da Basílica de Latrão em Roma, séc. IV.)

Introdução

Hoje nos encontramos para cuidar e fortalecer o dom mais precioso que a família recebeu: mais uma nova vida. Durante a gravidez, os pais, e de modo especial a mãe, experimentam a vida como sagrada, como dom de Deus. O parto aumenta ainda mais a gratidão e a alegria dos pais. O nascimento de cada criança é um sinal da vontade de Deus. Deus é sentido na gestação e no parto como doador da vida.

Ter um filho nos braços nos faz deparar com o mistério da vida que brota independente das condições sociais de uma família. A vida é mais forte que tudo. Mergulhado na mais crua pobreza, em *Morte e vida severina*, o retirante Severino se desespera, quer acabar com a própria vida; somente o esfuziante anúncio do nascimento de seu filho rompe o triste cenário de denúncia de miséria e fome, e leva o protagonista a concluir: "[...] é difícil defender, só com palavras, a vida, ainda mais quando ela é esta que vê, severina; mas se responder não pude à pergunta que fazia, ela, a vida, a respondeu com sua presença viva. E não há melhor resposta que o espetáculo da vida: [...] vê-la brotar como há pouco em nova vida explodida; mesmo quando é assim pequena a explosão, como a ocorrida; mesmo quando é uma explosão como a de há pouco, franzina; mesmo quando é a explosão de uma vida severina" (João Cabral de Melo Neto).

Acima de tudo, vale a pena viver. E que orgulho a família experimenta quando traz nos braços uma criança bem cuidada, mesmo que esteja com este ou aquele problema, não importa. A vontade de superar as dificuldades é maior, e o otimismo confiante chega sempre antes. Quando contemplamos o recém-nascido, queremos protegê-lo de todas as maneiras, pois ele depende em tudo da atenção e carinho da família. Os pais que geraram a criança são os primeiros a reconhecer que esse dom não lhes pertence, é maior e os ultrapassa, vem do alto!

Tudo aquilo que a família tem é posto a serviço do bebê. E como não lhe oferecer, logo no início, o dom da fé? Apresentar a Deus o que vem dele. Os Santos Padres do início da Igreja comparavam o útero da mãe com a fonte batismal que gera novos filhos de Deus. O Batismo é o reconhecimento de que a criança foi dada por Deus, pertence a ele e só Deus pode cuidar dela, agora e sempre. O Batismo é uma consagração da criança.

"O que é da carne, é carne. O que é do Espírito, é espírito" (cf. Romanos 8,5). Seria muito pouco restringir nossa vida somente ao comer e beber, ao buscar somente o material para satisfazer nossa sede de conforto ou de vaidade. Somos deste mundo, mas o transcendemos, vamos adiante; existe algo que é maior do que ele.

Nesta preparação ao Batismo, queremos achar o sentido da vida em Deus. Vida da criança, dos pais e dos outros irmãos. Toda a família se orienta para Cristo. Desde já compreendemos que não basta somente batizar a criança com mil e um cuidados. O mais importante é fazer valer o Batismo na vida dela. O Batismo é uma semente deixada no coração da criança, e para ela brotar e crescer é necessário o cuidado dos pais.

Esse cuidado significa os pais assumirem a fé e vivê-la no dia-a-dia da família. Por isso, vamos insistir em quatro pontos:

1. *Jesus Cristo é o único que dá sentido à nossa vida.* Ele nos leva ao Pai, na força de seu Espírito. Não podemos perder de vista sua importância para sermos apenas consumidores de novidades do mercado, sem saber para quem fomos criados.

2. *É Cristo quem batiza.* Ele nos dá a verdadeira vida que vem dele e nos é comunicada nos ritos e símbolos da celebração do Batismo na Igreja.

3. *Somos batizados para vivermos como filhos de Deus congregados em unidade na família de Deus, que é a Igreja.* E como é essa Igreja? Como participo dela?

4. *A fé é para ser vivida na família.* Como uma família se educa na fé? Como fazer crescer a semente do Batismo? Qual é o papel dos pais na formação da fé cristã dos filhos?

Conhecer Jesus

"E a Palavra se fez carne e veio morar entre nós!" (João 1,14). Deus se solidariza com a humanidade, não a deixa à mercê do ódio, da violência e da força bruta. O Filho de Deus veio a este mundo, assumiu nossa natureza humana e nosso destino. E se fez igual a nós em tudo, menos no pecado (cf. Hebreus 4,15).

Ele, plenamente humano e plenamente divino, ensinou o humano a ser realmente humano para levá-lo a ser divino. Isso quer dizer que quanto mais nos humanizamos, tanto mais fazemos brilhar a glória de Deus, somos mais imagem e semelhança de Deus.

É bem verdade que a violência, os assassinatos e a corrupção política desfiguram o ser humano, o reduzem a um monstro. Mesmo a fama e a riqueza de uma estrela de cinema, de passarela ou de futebol mostram a grandeza de um profissional, mas carecem das demais dimensões humanas.

Jesus deixou de lado tudo o que o mundo mais preza: a fama, o poder e a riqueza (cf. Lucas 4,1-13). Nasceu na pobreza de uma manjedoura, seus pais eram trabalhadores pobres, vivia numa cidade do interior, não ocupou nenhuma posição social de prestígio. Considerava-se servo, veio com a missão de servir, de curar, de consolar e de perdoar. Esse modo de ser e de agir é bem diferente do que o mundo propõe. Por isso é difícil seguir Jesus. Mas é esse jeito de ser que nos faz semelhantes a Deus. Podemos até resumir: servir amando, eis a missão para a qual fomos criados.

Com a chegada de Jesus, o tempo se completa, atinge sua plenitude. Nada é mais importante do que ele. Jesus instaura seu Reino. Aqueles que o seguem vivem neste mundo, mas são cidadãos do Reino. O Reino é uma forma de viver seguindo os critérios de Jesus. O Reino acontece onde o ser humano pratica a solidariedade, a justiça, o respeito aos direitos dos outros e ama sem interesse de recompensas.

Na verdade, o caminho de Cristo parece mais difícil. Mas não é. Aparentemente, o caminho do mundo é mais bonito, assim como as vitrines na época do Natal, que exigem dinheiro e deixam de fora os pobres.

"Como é estreita a porta e apertado o caminho que leva à vida, e poucos são os que o encontram!" (Mateus 7,14). Jesus não se contenta com aparências. Ele nos ensina a ter postura ética de valores, de opções em favor do outro, do bem comum, de construir relações duradouras, como aquela de cuidar do doente, de socorrer quem necessita, de não compactuar com o roubo, o desvio de verbas ou a destruição do colega no trabalho.

Em Cristo, nós nos transformamos por dentro. Somos pessoas novas, porque não vivemos de acordo com o consumismo ou a superficialidade de relações. Todo anúncio de Jesus consiste em levar as pessoas a não somente olharem para si mesmas, mas a perceberem o outro e suas necessidades. Por isso, Jesus diz: tive fome, estive doente, com sede e nu e você cuidou de mim (cf. Mateus 25,35).

Mais que ser adorado, Jesus nos pede para segui-lo, para vivermos como irmãos o que ele viveu e ensinou. Claro que ao nos colocarmos dessa forma na sociedade suscitaremos muitas perseguições e calúnia. Vejam o assassinato da Ir. Doroty Stang no estado do Pará. Infelizmente seu mandante foi absolvido. Ela incomodava aqueles que seguem unicamente a lei do dinheiro e do interesse pessoal à custa do bem comum. Podemos nos lembrar de outros exemplos de pessoas de nossas comunidades que, mais que falar, viveram o Evangelho do Senhor. Normalmente, essas pessoas causam muita admiração e respeito. E quanto mais humildes, sem arrogância, tanto mais queridas.

A CRUZ

A cruz é inevitável no caminho de Jesus. Podemos olhá-la unicamente como instrumento de fracasso humano e de tortura. Já São Paulo a proclamava como a máxima sabedoria (cf. 1 Coríntios 1,24-25). A ciência da cruz põe a descoberto o engano desse mundo e sua aparente vitória. Aceitar a cruz de Cristo implica assumir sua prática cidadã de defesa do bem comum, de fazer do próximo um irmão, de querer para o outro o que quer para si, de perdoar sempre, enfim, de servir até a doação total de si. Aceitar o Reino de Deus significa abraçar a cruz da incompreensão e da rejeição do mundo. Só perdendo a vida para este mundo que se poderá ganhá-la para a eternidade (cf. Marcos 8,35).

Ao optar pela cruz de Cristo, ao mesmo tempo devemos abrir os olhos para um modo de ler o Evangelho que foge da cruz. O cristão, ao se preocupar demasiadamente em pedir com insistência graças e querer ser "abençoado" porque conseguiu isso e aquilo, deverá se questionar. O caminho de Cristo não é só de vitórias neste mundo. Em primeiro lugar, temos fé para viver os mandamentos e seguir a Cristo, que quis unicamente fazer a vontade do Pai de salvar a humanidade do egoísmo. A grande alegria do cristão não consiste em conseguir bens, mas sim primeiramente em viver unido na amizade com a Trindade Santíssima. Desfrutar a gratuidade do amor do Pai é nosso maior consolo. Estar unido com Deus e agir honestamente são condições de vida eterna; lutar pela sobrevivência é necessidade enquanto ainda precisamos pagar as contas no fim do mês, correr atrás da casa própria, do carro novo. Mas vai chegar a hora em que nada disso será preciso.

Conhecer o ensinamento e a pessoa de Jesus com a finalidade de o seguirmos em nossa vida é maior do que assumir somente uma postura de pedir favores e esperar uma graça. Claro que em nossas orações vamos interceder por nossas necessidades, pelas da Igreja e do mundo, porém, sem perder de vista que já somos amados pelo Pai e conduzidos pelo Espírito. "Seremos felizes à medida que nos aproximarmos, cada vez mais, de Deus, acolhendo-o na oração, seguindo os mandamentos, vivendo em comunidade e trabalhando por um mundo onde a felicidade vise não ao proveito pessoal mas sim ao serviço do Reino de Deus."[1]

Hoje, está em moda atribuir os males ao tentador e acentuar as vantagens que a pessoa de fé desfruta. Uma fé que só produz resultados tão imediatos e compromissos éticos tão pequenos não corresponde ao Cristo que descobrimos no Evangelho. "Esses caminhos não levam ao encontro com Jesus Cristo. Geram cristãos e cristãs marcados pelo egoísmo e não pelo amadurecimento na fé."[2]

Nega-se a cruz de Cristo. Seguir a Cristo não significa se colocar numa redoma de vidro, na esperança de uma proteção maior de que nada irá acontecer. Pelo contrário, é aprender a viver com riscos, desafios, limites, e buscar um sentido novo que só tem razão quando se vive "por Cristo, com Cristo e em Cristo". Conhecer o ensinamento e a pessoa de Jesus com a finalidade de o seguirmos em nossa vida é maior do que assumir somente uma postura de pedir favores e esperar uma graça para viver bem agora. Costumamos dizer que estamos neste mundo de passagem. "Importa reconhecer que toda busca de felicidade, nesta vida, é sempre limitada, incompleta, apontando para a eternidade [...]. A eternidade em Deus ilumina todas as buscas humanas. Liberta o discípulo missionário dos apegos excessivos ao que é imediato. Evita a manipulação de Deus em nome de interesses pessoais ou grupais, na maioria das vezes tão contrários ao Reino desse mesmo Deus. Quer nas vitórias quer nas derrotas, o discípulo missionário vai se apaixonando pelo Senhor da história, da felicidade e da paz, na certeza cada vez maior de, um dia, na eternidade, contemplar aquele que é, ao mesmo tempo, fonte e meta de toda a felicidade."[3]

Somos conscientes de que o caminho de Cristo comporta as limitações humanas; justamente por isso lutamos e prosseguimos adiante com fé, esperança e caridade, assumindo em nossa vida

---

[1] CNBB. *Diretrizes gerais da ação evangelizadora da Igreja no Brasil. 2008-2010*. São Paulo, Paulinas, 2008. n. 111. (Documentos da CNBB, n. 87).

[2] Ibid., n. 108.

[3] Ibid., nn. 112-113.

sua maneira de pensar e de lutar. Assim, daremos continuidade à sua missão e acolheremos seu Reino de justiça e de solidariedade.

Conversão

Ao anunciar a chegada do Reino, Jesus diz: "Convertei-vos e crede no Evangelho" (Marcos 1,15). Diante da pessoa de Jesus e do anúncio vigoroso de seu Evangelho como Boa-Nova para nossa vida, caberá convertermo-nos sempre mais para ele. É hora de ver o quanto lhe fazemos caso. Até que ponto sua mensagem ecoa e faz sentido em nossas decisões. Se ele é somente um amigo, do tipo pronto-socorro para as horas de aperto, ou se estou crescendo na gratuidade de seu amor exigente, mas não menos verdadeiro e autêntico.

A conversão é a atitude que cabe a todo cristão, durante toda a sua vida. Sempre temos que nos converter mais ao Evangelho. Jesus é a medida a qual devemos nos espelhar para alcançarmos a semelhança com o Pai. Ele nos amou a ponto de nos entregar seu corpo como alimento e derramar seu sangue para a remissão de nossos pecados. Nunca amaremos a esse ponto, mas precisamos crescer no amor. O pecado nos prende nas teias desse mundo, já o amor em Cristo nos liberta e nos torna divinos.

Todo anúncio de Jesus consiste em levar as pessoas a não somente olharem para si mesmas mas também a perceberem o outro e suas necessidades. Em muitos textos do Evangelho, Jesus demonstra grande sentimento de compaixão pelo outro. Mas essa compaixão não pode ser somente com os de casa ou da família; ela deve se estender àqueles que nem conhecemos. Ser solidário com quem conhecemos e com quem não conhecemos. Vencer o "eu", preso às ambições de possuir pessoas, dinheiro, poder, objetos, para a própria vantagem, não é muito fácil ou mágico.

Quando a pessoa amadurece nesse entendimento, coloca-se no caminho de amar o outro, seja ele quem for, experimenta o amor criador de Deus.

Crescer na fé

É preciso continuar aprofundando o conhecimento da pessoa de Jesus Cristo, sua missão e ensinamentos. Às vezes, poderá ocorrer que muitos pedem o Batismo para os filhos e afilhados, deixando de lado a vida de fé. Ainda nem receberam os sacramentos da Confirmação ou da Eucaristia. São profissionais capacitados, adquiriram maturidade nas relações afetivas e pessoais, porém a consciência de fé cristã ainda permanece na infantilidade, sem alcançar o Deus libertador anunciado por Jesus Cristo.

O Batismo se completa na Confirmação e é coroado com a Eucaristia, numa prática de vida comunitária e evangélica. Por isso, recomendamos vivamente que aqueles pais e padrinhos que não completaram a iniciação cristã sejam os primeiros a valorizar o sacramento que pedem para a criança, buscando em sua paróquia o catecumenato de adultos.[4]

Aliada a essa situação, vem o tema da educação da fé da família. Aí nos deparamos com o entrave histórico de conceber a catequese como coisa de criança e que só diz respeito à paróquia e aos catequistas. Os pais e padrinhos, muitas vezes por incapacidade ou omissão, se esquecem de que devem crescer e educar a própria vida de fé e que foram honrados, juntamente com a paternidade, com o dever não só de assistir, criar e educar os filhos, mas também, pela Igreja, de transmitir a vida divina para os filhos.

É na família que se desenvolve o despertar religioso da criança. O carinho dos pais e sua preocupação solícita pelos filhos, junto com a necessidade que têm as crianças de terem referência para se reconhecer, ter segurança e situar-se no mundo, fazem com que elas confiram autoridade aos pais, e que, olhando para eles como modelo, possam crescer como pessoas, despertando todas as potencialidades, entre elas a dimensão religiosa.

---

[4] *Catecumenato*: palavra grega que quer dizer "lugar onde ressoa alguma mensagem". É a fase em que os candidatos adultos se preparam para receber os sacramentos do Batismo, da Confirmação e da Eucaristia.

A celebração do Batismo

Jesus Cristo confiou à sua Igreja a missão de levar todas as criaturas à salvação: "Ide, portanto, fazei de todos os povos discípulos, batizando-os em nome do Pai e do Filho e do Espírito Santo, ensinando-os a guardarem tudo o que vos mandei" (Mateus 28,19).

Como um dos meios para realizar essa missão evangelizadora, Cristo deixou na Igreja os sete sacramentos:

a) os de iniciação: Batismo, Crisma e Eucaristia;

b) os de cura: Penitência e Unção dos Enfermos;

c) os de missão e serviço: Matrimônio e Ordem.

Como se trata de dons espirituais, imperceptíveis aos sentidos, Deus os uniu a um sinal para que saibamos que está sendo concedido. O ser humano se comunica por sinais como os de trânsito, de perigo, de afeto, de dor etc. Os sacramentos são sinais que transmitem a graça de Deus por meio de palavras e gestos, que caem sob os cinco sentidos. Realizam o que indicam. É Deus, o Espírito Santo, que dá a graça; o sinal já indica a graça que iremos receber.

Durante a celebração, vamos estar atentos a três pontos: ao significado de cada rito, como eles são celebrados e o que eles implicam na vida do cristão. Vamos unir esses três elementos, para que não seja uma celebração vazia, apenas exterior. Cada rito celebrado produz uma rede de sentidos para comunicar a graça que vem do Espírito. Essa comunicação da vida de Deus em nós é transformadora e sempre pedirá a resposta de fé e de adesão por toda a nossa vida.

A celebração acontece em clima orante e de fé, não importa o barulho da criança que chora ou se se deve cuidar dela durante o batizado; é preponderante a atitude de atenção dos pais e padrinhos, de se preocuparem com o essencial: o bem-estar da criança e a interiorização dos gestos.

Devemos nos ater às quatro partes da celebração:

- *o rito de acolhida* (com a procissão de entrada na igreja);
- *a liturgia da Palavra*;
- *a liturgia sacramental*;
- *os ritos finais* (ao redor do altar).

O sinal principal desse sacramento é o banho d'água; há outros secundários, como a roupa branca, a entrega da vela...

Rito de acolhida

Os ritos iniciais têm por finalidade envolver mais a comunidade na *acolhida* de seus novos membros. Geralmente, esse rito acontece na porta da Igreja. O acolhimento dos batizandos fora da igreja significa que ainda não pertencem à Igreja, na qual entrarão pela porta do Batismo. Exprime o ingresso na comunidade eclesial.[1]

Ali, o celebrante saúda as pessoas e estabelece um *diálogo* em nível de fé que prolonga a acolhida e leva ao Batismo. Não se trata de uma conversa de boas maneiras, mas sim no nível da fé: o que significa no fundo aquilo que os pais pedem? Que querem que seu filho seja? Como pensam ajudá-lo a ser cristão?

Em seguida, o celebrante, os pais e os padrinhos traçam o *sinal-da-cruz* sobre a fronte de cada criança. Esse sinal culmina a acolhida que a comunidade cristã faz ao recém-chegado. A criança já fica orientada na linha daquilo que virá a ser pelo

[1] Cf. CNBB. *Batismo de crianças*. São Paulo, Paulinas, 1980. nn. 15-18. (Documentos da CNBB, n. 19).

banho da água com a Palavra: uma pessoa cristã. Tudo isso sob o sinal-da-cruz gloriosa do Senhor, nela que está a salvação, a vida e a ressurreição.

A Igreja recebe oficialmente seu novo membro não com um bracelete ou brinco de ouro, mas com o que ela tem de mais precioso para a criança. Seu sinal distintivo é a cruz do Senhor, por ela a salvação entrou no mundo, Cristo venceu o mal, o pecado e a morte. Por ela igualmente somos salvos em Cristo. Porém, não devemos nos esquecer de que esse sinal não é só de Cristo, mas passa a ser do cristão, porque o Batismo é a configuração da pessoa em Cristo, mais exatamente em sua Páscoa. Ao ser incorporado em Cristo, resta ao cristão viver a Páscoa em Cristo, aprendendo a doar a vida, a servir, a lutar contra o egoísmo, a vaidade, o consumismo, a superficialidade das relações. Ou seja, deverá perder a vida para este mundo, a fim de ganhá-la para o Reino.

Liturgia da Palavra

A fé vem pela Palavra de Deus. Essa Palavra com sua presença assinala que a celebração é um acontecimento, aqui e agora, da salvação de Deus. A Palavra de Deus anuncia aquilo que o sacramento realiza. A proclamação da Palavra é o anúncio da obra de Deus, de sua intervenção, que suscita a fé dos que escutam, a fim de que possam entrar frutuosamente no encontro sacramental com o Senhor. A história da salvação é "hoje".

A liturgia da Palavra e a liturgia sacramental formam um todo. A liturgia da Palavra prepara a sacramental porque a realidade do Batismo só é conhecida através da fé. A fé nasce e se alimenta da Palavra de Deus proclamada e acolhida na fé.

Após a proclamação da Palavra e homilia, faz-se a oração dos fiéis e a invocação dos santos (ladainha). "Os fiéis invocam a misericórdia de Deus, conscientes de sua incapacidade e da absoluta necessidade da graça de Deus para obter e viver com coerência e perseverança a vida nova do Batismo.

Na invocação dos santos, a Igreja peregrina na terra se une à Igreja triunfante no céu (cf. Apocalipse 5,8; 8,3) para pedir a graça de Deus em favor daqueles que ainda se encontram nas portas da Igreja. É a comunhão dos santos."[2]

Conclui-se a celebração da Palavra com a *oração do exorcismo* e *a unção com o óleo dos catecúmenos*. Cristo liberta do espírito do mal, do poder das trevas, do pecado, introduz no reino da luz, dá ao cristão força e proteção para fazer frente às provações e resistir com coragem às solicitações do mal. A oração é acompanhada pelo gesto de imposição das mãos realizado pelo ministro e pelos pais e padrinhos. Esse gesto, por si só, significa a invocação do Espírito Santo como fortaleza e coragem para abraçar a fé em Cristo.

A coragem, a resistência e a proteção pedidas na oração são significadas pelo gesto da unção pré-batismal: "O Cristo Salvador te dê sua força. Que ela penetre em tua vida como este óleo em teu peito".

Os antigos lutadores se ungiam com óleo em todo o corpo para fortificar os músculos e para dificultar que os adversários os agarrassem. Semelhantemente, preparando-se para as lutas que deverá travar para ser fiel à vocação cristã e à missão que receberá no Batismo, o batizando é ungido no peito.[3]

A promessa de lutar contra o mal se estenderá por toda a vida. O embate contra o mal, ritualmente celebrado na oração de renúncia, é imagem da luta que o cristão enfrenta ao longo de toda a vida contra aquele que o colocará muitas vezes à prova de sua adesão a Cristo. No entanto, as lutas constantes, compreendidas como testemunho de perseverança, lhe darão o mérito da fidelidade.

Liturgia sacramental

O que realmente torna eficaz o sacramento do Batismo é a fé de toda a Igreja. A resposta da Igreja a Deus é o que conta

[2] Ibid., nn. 56 e 59.

[3] Ibid., n. 67.

acima de tudo. A criança é batizada na fé da Igreja. O diálogo no Batismo é antes de mais nada entre Deus e seu povo. A oferta de salvação é dirigida em primeiro lugar à Igreja, que, hoje em dia, encarna em seus membros essa salvação; e alcança a pessoa individual, mas no interior da comunidade. A profissão de fé de pais e padrinhos e a adesão da comunidade através do seu ministro expressam a solidariedade na fé em cujo seio a criança é recebida.

Bênção da água

Junto à fonte batismal, o celebrante bendiz a Deus, recordando o admirável plano segundo o qual Deus quis santificar o ser humano, pela água e pelo Espírito. A oração utiliza as imagens do ciclo da criação, do dilúvio (cf. Gênesis 1,2.6-10; 1,21-22); da libertação da escravidão e passagem do mar Vermelho (cf. Êxodo 14,15-22). Todas essas imagens são figuras que anunciam uma realidade e uma verdade somente revelada e realizada em Cristo, verdadeiro Adão que nos livra do pecado, novo Noé que pelas águas batismais nos salva do naufrágio, esperado Moisés que nos liberta por uma nova Páscoa.

Jesus confere novo valor salvífico à água: quando desce ao rio Jordão e é batizado por João Batista (cf. Mateus 3,13-17), com Nicodemos quando afirma que é necessário nascer de novo pela água e pelo Espírito (cf. João 3,1-15) ou quando oferece a água viva para a Samaritana (cf. João 4,1-42), e principalmente no alto da cruz, quando seu coração é transpassado e dele jorram sangue e água (cf. João 19,34).

No final da bênção, a oração invoca o poder do Espírito sobre a fonte batismal para que a criança participe de todos esses mistérios salvadores e tenha sua vida transformada por eles. Assim, irá sofrer uma morte semelhante à de Cristo, ressuscitar para a vida e receber a graça da imortalidade.

"Os sacramentos não são coisas, mas ações. O Batismo não é a água, mas o banho na água que ganha sentido na fé, como ação que faz nascer de novo em Jesus Cristo. Por isso a importância da bênção d'água para expressar claramente que não é a água em si mesma que tem a força sacramental, senão que é Deus que atua e se serve da água para gerar de novo. Assim, a bênção da água é um 'colocar a água nas mãos de Deus' para que ele atue sacramentalmente."[4]

Promessas do Batismo

A fé, que as crianças não têm, é suprida pela fé dos pais, dos padrinhos e de toda a Igreja, que, em nome delas, *renunciam ao pecado, proclamam a fé em Cristo* e aceitam a obrigação de levar a fé da criança à plena realização pessoal, antecipando, assim, de alguma maneira, a fé pessoal futura. A renúncia ao mal e a profissão de fé no Deus vivo de Jesus Cristo, na força do Espírito Santo, renovam os compromissos de viver como filhos de Deus neste mundo. Jesus, como modelo, luta e vence o mal e é obediente ao Pai.

Batismo

O rito central do Batismo, em sua forma plena, consiste em submergir o candidato completamente na água e depois retirá-lo, enquanto o ministro pronuncia as palavras rituais que se referem ao ato que está sendo realizado.

O banho com água unido à palavra da vida (cf. Efésios 5,26) lava a pessoa de toda culpa, tanto original como pessoal, e a torna "participante da natureza divina" (2 Pedro 1,4) e da "adoção de filhos" (Romanos 8,15; Gálatas 4,5). Invoca-se a Santíssima Trindade sobre os batizandos, que são marcados em seu nome, para que lhe sejam consagrados e entrem em comunhão com o Pai, o Filho e o Espírito Santo.

"Porque, se nos tornamos uma coisa só com ele por morte semelhante à sua, seremos uma coisa só com ele também por ressurreição semelhante à sua" (Romanos 6,5). O banho batismal nos proporciona uma morte semelhante à de Cristo, por isso nos tornamos uma coisa só com ele. "A água é sepulcro e vida. Os cristãos tomamos o banho 'em nome do Senhor', ou 'em nome do Pai e do Filho e do Espírito Santo'. O sentido do banho não

---

[4] TENA, P. El rito litúrgico del bautismo de niños. In: VV.AA. *El bautismo de niños*. Barcelona, Centre de Pastoral Litúrgica. 1987. p. 22. (Dossiers CPL 23).

é uma morte e uma renovação ideal, mas a participação na morte e na ressurreição histórica de Jesus Cristo."[5]

Ritos Finais

Unção pós-batismal: essa unção, optativa, é feita no alto da cabeça da criança. É ungida para, como membro de Cristo e da Igreja, continuar a missão de Cristo hoje. A missão é tríplice: *sacerdotal* (oferecer a vida a Deus e aos irmãos no serviço de cada dia), *profética* (pelo exemplo de vida e pelo testemunho da palavra, manifestar o novo ser que pelo Batismo vestiram) e *real-pastoral* (esforçar-se para que homens e mulheres aceitem e amem a Cristo Senhor).

Veste batismal: é o sinal exterior da vida nova gerada pelo Batismo. Por este último, a criança revestiu-se de Cristo, vestiu o "homem novo" (cf. Gálatas 3,27; Efésios 4,24).

Rito da luz: "Eu sou a luz do mundo" (João 8,12), disse Jesus de si mesmo, e aos discípulos: "Vós sois a luz do mundo [...]. Assim, brilhe vossa luz diante dos homens, para que vejam vossas boas obras" (Mateus 5,14-16).

A preocupação pela iniciação cristã integral é percebida no gesto de aproximar todos ao redor do altar, levando a vela acesa, para rezar o Pai-nosso. A Eucaristia é a coroação da iniciação. A exortação feita por quem preside deixa clara essa intenção: "Esta criança que foi batizada é chamada, em Cristo, a viver plenamente como filha de Deus Pai. Para isso, ela precisa também ser fortalecida pelo Espírito Santo no sacramento da Confirmação e alimentada na Ceia do Senhor".[6]

---

[5] Ibid., p. 22.

[6] CNBB, *Batismo de crianças*, n. 162.

A vivência celebrativa da água

Ritos iniciais

Refrão meditativo

Onde reina o amor, fraterno amor, onde reina o amor, Deus aí está.

Canto de entrada (És água viva)

Enquanto se entoa o canto, entrar em procissão com a cruz, a vela e a Bíblia.

Eu te peço desta água que tu tens,
és água viva, meu Senhor,
tenho sede, tenho fome de amor
e acredito nesta fonte de onde vens.

Vens de Deus, estás em Deus, também és Deus,
e Deus contigo faz um só.
Eu, porém, que vim da terra e volto ao pó,
quero viver eternamente ao lado teu.

És água viva, és vida nova
e todo dia me batizas outra vez.
Me fazes renascer, me fazes reviver
e eu quero água desta fonte de onde vens. (bis)

Saudação

Presidente: *Em nome do Pai... A graça de N. S. J. C., o amor do Pai e a comunhão com o Espírito Santo estejam convosco.*

Todos: *Bendito seja Deus que nos reuniu no amor de Cristo!*

Memória

Os participantes fazem memória de situações que envolvem a água (seca, enchentes, racionamento, desperdício, poluição etc.).

Oração

Senhor, vós que sois a fonte de água viva que jorra para a eternidade, dai-nos sempre a irmã-água que revigora nossos corpos, reverdece a natureza e traz vida a toda parte. Fazei que sempre encontremos em vós a verdadeira fonte que mata nossa sede de justiça e solidariedade. Livrai-nos do flagelo das enchentes e das secas. Vós que sois Deus com o Pai e o Espírito Santo.

Todos: *Amém.*

LITURGIA DA PALAVRA

Primeira leitura bíblica: Êxodo 17,3-7

Leitura do Livro do Êxodo

Naqueles dias, o povo, sedento de água, murmurava contra Moisés e dizia: "Por que nos fizeste sair do Egito? Foi para nos fazer morrer de sede, a nós, nossos filhos e nosso gado?". Moisés clamou ao Senhor, dizendo: "Que farei por este povo? Por pouco não me apedrejam!". O Senhor disse a Moisés: "Passa adiante do povo e leva contigo alguns anciãos de Israel. Toma a tua vara com quem feriste o rio Nilo e vai. Eu estarei lá, diante de ti, sobre o rochedo, no monte Horeb. Ferirás a pedra e dela sairá água para o povo beber". Moisés assim fez na presença dos anciãos de Israel. E deu àquele lugar o nome de Massa e Meriba, por causa da disputa dos filhos de Israel e porque tentaram o Senhor, dizendo: "O Senhor está no meio de nós, ou não?".

Leitor: *Palavra do Senhor.*

Todos: *Graças a Deus.*

Salmo 62(63)

Salmista: *A minh'alma tem sede de vós.*

Todos: *A minh'alma tem sede de vós.*

Salmista: *Sois vós, ó Senhor, o meu Deus!*
Desde a aurora ansioso vos busco!
A minh'alma tem sede de vós,
minha carne também vos deseja,
como terra sedenta e sem água!

Todos: *A minh'alma tem sede de vós.*

Salmista: *Venho, assim, contemplar-vos no templo,*
para ver vossa glória e poder.
Vosso amor vale mais do que a vida:
e por isso meus lábios vos louvam.

Todos: *A minh'alma tem sede de vós.*

Salmista: *Quero, pois, vos louvar pela vida,*
e elevar para vós minhas mãos!
A minh'alma será saciada,
como em grande banquete de festa;
cantará a alegria em meus lábios,
ao cantar para vós meu louvor!

Todos: *A minh'alma tem sede de vós.*

Salmista: *Penso em vós no meu leito, de noite,*
nas vigílias suspiro por vós!
Para mim fostes sempre um socorro;
de vossas asas à sombra eu exulto!
Minha alma se agarra em vós;
com poder vossa mão me sustenta.

Todos: *A minh'alma tem sede de vós.*

Evangelho: João 7,37b-39a

Proclamação do Evangelho de Jesus Cristo segundo João

No último dia da festa, o mais solene, Jesus, de pé, proclamou em alta voz: "Se alguém tem sede, venha a mim e beba. Aquele que crê em mim, conforme diz a Escritura, rios de água viva jorrarão do seu interior". Jesus falava do Espírito, que deviam receber os que tivessem fé nele.

Leitor: *Palavra da Salvação.*

Todos: *Glória a vós, Senhor.*

Breve reflexão e partilha

Jesus é o rochedo do qual brota a verdadeira água viva. Assim como a água, Jesus é essencial para nossa vida. Sem ele, todos perecemos. Todo aquele que crê nele recebe o seu Espírito, torna-se seu templo e, por isso, rios de água viva jorrarão do seu interior.

Recitar um refrão meditativo ou fazer silêncio para reflexão pessoal a partir dos textos e do tema refletido; em seguida partilhar idéias e sentimentos.

Liturgia da Água

Lado 1: *No jardim do mundo encontramos rios cruzando a terra. Toda a criação está plena de água (Gênesis 1,2).*

Todos: *Pelo Batismo somos gerados para Deus.*

Lado 2: *Das águas do útero materno, nasce uma vida. Das águas do Batismo nasce uma nova vida para Deus e para a Igreja.*

Todos: *Pelo Batismo somos gerados para Deus.*

Lado 1: *Assim como o nosso primeiro nascimento se operou na água, da mesma forma da água batismal se dá o novo nascimento pelo Espírito Santo.*

Todos: *Pelo Batismo somos gerados para Deus.*

Lado 2: *A fé nos conduz aos pés da cruz, plantada no chão para contemplar o homem nela cravado, sangrando água.*

Todos: *Pelo Batismo somos gerados para Deus.*

Lado 1: O *Batismo é a marca, o selo da nossa pertença total ao Deus da vida, em profunda comunhão com Cristo morto e ressuscitado, pela força do Espírito Santo.*

Todos: *Pelo Batismo somos gerados para Deus.*

Oração de louvor ao redor da água

Se houver fonte ou pia batismal, todos se concentram ao redor dela. Utilizar água já abençoada.

Ó Deus, nosso Pai, quantas vezes ao longo da história da salvação vós vos servistes da água para nos dar a conhecer a graça do Batismo! Já no princípio do mundo vosso Espírito pairava sobre as águas que, por ele fecundadas, conceberam a vida.

Todos: O *Senhor fez por nós maravilhas, Santo, Santo, Santo é o seu nome!*

Quando as águas do dilúvio inundaram a terra, vós a purificastes de toda a maldade e fizestes surgir uma nova humanidade.

Todos: O *Senhor fez por nós maravilhas, Santo, Santo, Santo é o seu nome!*

Quando o povo de Israel saiu do Egito, vós abristes um caminho por entre as águas para que ele atravessasse o mar Vermelho a pé enxuto. Livre da escravidão, Israel já anunciava, de longe, o povo que haveria de nascer das águas do Batismo.

Todos: *O Senhor fez por nós maravilhas, Santo, Santo, Santo é o seu nome!*

Quando Jesus foi batizado nas águas do rio Jordão, os céus se abriram. O Espírito Santo desceu sobre vosso Filho e vós declarastes todo o vosso amor para com ele.

Todos: *O Senhor fez por nós maravilhas, Santo, Santo, Santo é o seu nome!*

Quando Jesus foi pregado na cruz, seu coração foi traspassado pela lança do soldado, e do lado aberto fez jorrar, com a água e o sangue, os sacramentos da Igreja.

Todos: *O Senhor fez por nós maravilhas, Santo, Santo, Santo é o seu nome!*

Após a sua ressurreição, o Senhor Jesus ordenou aos apóstolos: "Ide, fazei todos os povos discípulos meus batizando-os em nome do Pai e do Filho e do Espírito Santo".

Todos: *O Senhor fez por nós maravilhas, Santo, Santo, Santo é o seu nome!*

Renovai, ó Pai, a graça do Batismo em todos aqueles que professam a fé pela água e pelo Espírito e alcancem a vida eterna. Por Cristo, nosso Senhor.

Todos: *Amém.*

Com calma e em clima de oração, as pessoas se aproximam da água, molham as mãos e traçam o sinal-da-cruz.

Partilha dos sentimentos

O que vimos? O que sentimos? Qual o seu significado para nós? Qual é o nosso compromisso?

Bênção final

Deus da vida, criador e libertador da escravidão do Egito, comunicai-nos o vosso Espírito no sinal da água.

Todos: *Amém.*

Deus Filho, redentor do mundo, que nos fizestes renascer da água e do Espírito, concedei-nos a graça de uma vida nova.

Todos: *Amém.*

Deus Espírito Santo, santificador da natureza e da humanidade, conduzi-nos por caminhos de esperança, de solidariedade e de justiça.

Todos: *Amém.*

Abençoe-nos o Deus todo-poderoso... Vamos em paz, bendigamos ao Senhor que nos reuniu como irmãos.

Todos: *Graças a Deus!*

A comunidade cristã

A Igreja não é só templo de pedra. Verdadeiramente, Cristo é o novo templo em que reluz a glória de Deus. Nós somos as pedras vivas que formam esse templo (cf. 1 Pedro 2,4-5). Assim, quando nos referimos à Igreja, muitos imaginam logo o edifício, e não a comunidade de batizados que se reúne para fazer a memória do Senhor e viver a vida nova no Reino de Cristo. Pelo Batismo, o Espírito Santo habita em nosso peito. Por isso somos casa de Deus, e as boas obras que realizamos são o verdadeiro culto que prestamos a Deus no altar de nosso coração.

O Batismo nos torna membros do corpo de Cristo. Ele é a cabeça, nós somos seus membros, formamos sua Igreja. "Como o corpo é um, embora tenha muitos membros, e como todos os membros do corpo, embora sejam muitos, formam um só corpo, assim também acontece com Cristo. De fato, todos nós, judeus ou gregos, escravos ou livres, fomos batizados num só Espírito, para formarmos um só corpo" (1 Coríntios 12,12-13).

Formamos o Povo de Deus, a Igreja (reunião dos que crêem), e caminhamos para a casa do Pai. Não somos um povo errante, mas peregrino, amado e conduzido pelo Pai. Por isso, nós nos reunimos como comunidade de fé, unidos pelo vínculo do Batismo que produz uma só fé, um só Espírito.

É comum os pais solicitarem o Batismo motivados apenas pela tradição familiar, pelo costume de batizar a criança com medo de alguma força maléfica. Vivemos em tempos nos quais esses argumentos não se sustentam se não estiverem acompanhados de uma real educação da fé tanto da criança quanto de toda a família, a começar dos pais. Hoje, temos o triste quadro de milhões de cristãos que, embora batizados, não foram evangelizados, não conhecem a fé recebida no Batismo, e por isso muitos deixam a Igreja sem conhecê-la.

Atualmente, constatamos o fenômeno de troca de Igrejas. Há, minimamente, que averiguar a origem da comunidade a qual se vai aderir. Como ela foi fundada? Trata-se apenas de uma inspiração humana particular, de alguma pessoa que começou a congregar? Esse argumento deve ser questionado, porque livremente poderíamos abrir um sem-fim de comunidades com denominações diferentes.

Às vezes, busca-se aquela que mais me agrada, ou aquela na qual me sinto bem, ou aquela em que fui mais bem acolhido, ou então onde consegui exatamente a graça desejada. Tais motivações são válidas, porém insuficientes para definir uma Igreja na qual viver a fé. Se assim fosse, caberia eleger aquela que melhor executasse o plano de propaganda e atendimento de seus clientes.

A Igreja é casa e família para todos, especialmente para os que estão cansados e sobrecarregados, como nos diz Jesus em Mateus 11,28: "Vinde a mim todos vós que estais cansados sob o peso do fardo, e eu vos darei descanso". Porém, esclarecemos que temos fé não para que Deus satisfaça nossas vontades, ou porque somos capazes de insistir tanto na oração de intercessão que alcançamos tudo o que queremos. Diz-nos o Evangelho: "Pedi e vos será dado! Procurai e encontrareis! Batei e a porta vos será aberta!" (Mateus 7,7). Essa palavra deve ser lida, antes de tudo, no contexto em que estamos neste mundo para cumprir a vontade de Deus. Como Jesus Cristo, que não veio fazer sua própria vontade mas sim a do Pai (cf. João 6,38), assim, como dizemos no Pai-nosso, "seja feita a vossa vontade assim na terra como no céu". E entender que as coisas acontecem no transcorrer da vida humana, com seus desafios, dificuldades e vitórias, sem diminuir a força do pecado e suas conseqüências sobre nós.

Alcançar essa ou aquela graça, ou ter sucesso, não bastam. Nossa maior alegria, enquanto pessoas de fé, é acolher a vitória da ressurreição em nossas vidas. Essa é a maior graça que alcançamos como filhos de Deus. Fomos salvos, libertos de toda escravidão e em Cristo alcançamos a plenitude da vida eterna. Por isso, todos os pedidos que fazemos a Deus devem ser relativizados dentro da misericórdia do Pai, o qual nos quer salvar com o sacrifício de seu Filho Jesus. Nada se compara a essa grandeza.

Alertamos também para a leitura fundamentalista que se faz da Bíblia em muitas dessas novas comunidades. Um versículo da Bíblia isolado do contexto em que foi escrito ou da intenção do autor bíblico constitui uma palavra fácil de ser manipulada pelo pregador segundo sua intenção de mostrar isto ou aquilo. Cada passagem deve ser lida em comparação com textos de outros livros bíblicos, a fim de que seu sentido seja matizado e completado no conjunto da revelação.

A Igreja-comunidade

A Igreja-comunidade é um lugar especial em nosso bairro. Ela pode ser simples, mas tem uma história de luta, de testemunho de muitos cristãos que levaram sua fé a sério. Como a igreja do bairro foi se transformando pouco a pouco em seu tamanho e aparência externa de edifício com torres, pinturas e bancos, assim a fé e o testemunho dos cristãos da comunidade também foram crescendo como o fermento na massa.

É muito interessante a gente se dar conta de que a Igreja somos nós. A Igreja é casa que acolhe, onde encontramos um lugar de oração e encontro com Deus. Ela é muito mais do que aparece externamente. Ali a graça de Deus se manifesta em plenitude. O que enxergamos com nossos olhos indica a grandeza do que nos é comunicado em nosso coração. Não estamos ali unicamente por obrigação ou dever; muito mais que isso. A comunidade reunida já é sacramento da presença do Senhor que se manifesta: "Onde dois ou três estiverem reunidos em meu nome, eu estou ali, no meio deles" (Mateus 18,20).

A comunidade é o lugar que nos reunimos como família de Deus na casa do Pai. É verdade que humanamente nossa Igreja tem muitas deficiências. Vivemos na terra, somos pessoas cheias de acertos e erros. Igualmente, a estrutura paroquial pouco favorece a organização do povo na cidade.

"A Igreja, reunindo em seu próprio seio os pecadores, ao mesmo tempo santa e sempre necessitada de purificar-se, busca sem cessar a penitência e a renovação. Todos os membros da Igreja, inclusive seus ministros, devem reconhecer-se pecadores. Em todos eles o joio do pecado continua ainda mesclado ao trigo do Evangelho até o fim dos tempos. A Igreja reúne, portanto, pecadores alcançados pela salvação de Cristo, mas ainda em via de santificação."[1]

O que deve ficar bem claro para os batizados é que nos reunimos em comunidade por vocação. Deus nos chama e nos convoca para uma assembléia de aliança. Qualquer outro motivo fora desse não fica bem, até se inconscientemente quisermos nos servir da comunidade para nos projetar socialmente. Apesar de precisarmos crescer como comunidade que acolhe e valoriza seus membros, não vamos até ali, necessariamente, em razão desta ou daquela pessoa. Anterior a todos os elementos externos, mantém-se o chamado primeiro do Senhor que nos convoca para sua casa.

Por isso temos o compromisso de cuidar, fazer crescer e valorizar as pessoas que atuam na comunidade. Cito o exemplo de D. Emília, da comunidade São João Batista, na zona leste paulistana. Eu a conheci quando estava paralisada na cama, sem poder andar. Seu testemunho de fé estimulou muitos daquela comunidade. Eles a admiravam porque bem nos inícios, quando a comunidade era apenas um grupo de rua que se reunia para as novenas e de vez em quando para a missa, aquela senhora mensalmente passava de porta em porta para recolher o envelope do dízimo. Com esse dinheiro e o entusiasmo de mais alguns, organizaram o conselho da comunidade, as crianças para a catequese, e começaram erguer o edifício da capela. Ela liderava o grupo e era a imagem da pessoa corajosa, vibrante pelo Evangelho e pelas celebrações litúrgicas.

Assim, a construção do edifício do templo acompanhou o crescimento da fé do primeiro grupo da comunidade. Como D. Emília, cada comunidade tem a sua história de fé, verdadeiro testemunho da manifestação do Senhor junto de seu povo.

---

[1] *Catecismo da Igreja Católica*, n. 827.

Todos os que trabalham na comunidade o fazem por uma consciência de fé, voluntariamente, sem recompensas financeiras. Sentem o chamado do Senhor e evangelizam porque é grande a alegria de viver seguindo o Evangelho (por exemplo, os/as catequistas que se dedicam ao anúncio explícito da Palavra). Neles, encontramos muita generosidade e entrega, pois dedicam seu tempo e saber para o crescimento da comunidade. Igualmente, os ministros, os legionários, os vicentinos etc.

Participação da comunidade

Muitos cristãos encontram sentido de sua fé participando das pastorais da comunidade paroquial ou praticando o voluntariado em alguma ONG. Há atividades mais tradicionais e não menos necessárias, como os vicentinos e o grupo da Legião de Maria, que prestam serviços aos doentes e pobres. Há também grupos com maior participação social e política, como as pastorais sociais (da mulher marginalizada, do menor, da criança etc.) e os conselhos de direitos, associações de moradores etc. Atendem à necessidade de muitos irmãos que passam por graves dificuldades. Elas colaboram para conscientizar a comunidade de fé e a sociedade sobre a situação de injustiça e de pecado a que diariamente são submetidos nossos irmãos.

Mesmo não sendo fácil de se organizar numa sociedade urbana com horários e necessidades tão diferentes, a Igreja propõe a associação de famílias para rezar juntas, formar grupos de reflexão e partilha da Palavra confrontada com a vida, com o objetivo do intercâmbio mútuo de presença e ajuda entre as famílias. Esses grupos acabam promovendo uma abertura para outras famílias, para a Igreja e para a sociedade.

Todos somos convidados a assumir uma postura madura, consciente e responsável diante da fé. Não podemos ignorar que nossa colaboração é básica e fundamental para irmos ao encontro da comunidade que sonhamos. A Boa-Nova nos leva ao testemunho e ao anúncio de tudo o que Deus realizou por nós. Pedro e João nos alertam de que "é certo que não podemos calar o que vimos e ouvimos" (Atos 4,20). Ser Igreja hoje significa que temos fé e procuramos viver em conformidade a ela. Nesse caso, a Igreja não é somente o padre ou a hierarquia, e menos ainda seus templos de pedra. Por isso, os batizados deverão atuar com valentia na edificação da comunidade e na caridade social: "Vós, como pedras vivas, formai um edifício espiritual, um sacerdócio santo, a fim de oferecerdes sacrifícios espirituais, agradáveis a Deus, por Jesus Cristo" (1 Pedro 2,5).

Deus fez brilhar a glória de sua divindade no meio de seu povo. Mais do que nos escandalizarmos com nossos pecados como comunidade de fé, fiquemos atentos ao mistério de graça, de reconciliação e de amor que o Pai derrama por seu Espírito, que ultrapassa grandemente os limites de toda comunidade.

Participar da missa dominical

Como acontecia com as primeiras comunidades (cf. Atos 2,42), hoje nos reunimos para ouvir os ensinamentos dos apóstolos, vivermos unidos, partilharmos o pão, nos encontrarmos nas orações e, pela participação no mesmo Corpo e no mesmo Sangue, nos tornarmos membros do mesmo Corpo (cf. 1 Coríntios 10,17), isto é, a Igreja.

A participação na comunidade para ouvir a pregação é um sinal de conversão daqueles que se sentem atraídos pela mensagem de Jesus e querem conhecer mais quem os chamou. É um momento de encontro com o Senhor, pois, além do ensinamento dos apóstolos, há a reunião com os demais irmãos, a oração e também a partilha ao celebrar o mistério que é vivido. Isso leva a uma mudança de vida partindo da realidade de cada pessoa.

A celebração litúrgica é uma forma de encontro com Cristo de forma sacramental; é um modo em que o fiel pode expressar mais abertamente sua vocação cristã inserido na Igreja. Jesus está presente na comunidade reunida, nos pastores que celebram na pessoa de Cristo, nos pobres e nos pequenos que nos rodeiam.

Cada domingo será o dia do encontro da família com o Senhor, no qual reconhecemos que tudo vem dele e tem sentido nele. No dia do Senhor celebramos a Páscoa semanal para que cada vez mais nos aproximemos de sua ressurreição até a Páscoa final e definitiva. A criança passa a fazer parte da Igreja com direitos e deveres: de uma família de fé que se reúne semanalmente, no dia da ressurreição de Jesus.

Não há dia do Senhor (domingo > *dominus* > Senhor) sem a celebração da Eucaristia, na qual o Senhor se faz presente em seu sacrifício doando-se a todos: "O domingo não se distingue com base na simples suspensão das atividades habituais, como se fosse uma espécie de parêntese dentro do ritmo normal dos dias [...]; nele se faz memória da novidade radical trazida por Cristo [...]; 'viver segundo o domingo' significa viver consciente da libertação trazida por Cristo e realizar a própria existência como oferta de si mesmo a Deus, para que sua vitória se manifeste plenamente a todos os homens através de uma conduta intimamente renovada".[2]

---

[2] BENTO XVI. Exortação Apostólica pós-sinodal *Sacramentum Caritatis* — sobre a Eucaristia, fonte e ápice da vida e da missão da Igreja. São Paulo, Paulinas, 2007. n. 72.

Batizar e educar na fé

O sacramento do Batismo, necessário para a salvação (cf. João 3,3), nos inicia na vida cristã. A palavra "Batismo", em sua raiz grega, indica "imersão na água": desaparecer na água, morrer com Cristo, para ressurgir com ele para a vida nova; é um renascimento, novo nascimento! O principal efeito do Batismo é permitir a quem o recebe participar da Páscoa de Cristo e ser enxertado nela. O sinal de imergir por três vezes recorda em nome de quem somos adquiridos como filhos, nos tornamos participantes da trinitária família divina.

E quais outras graças recebemos no banho batismal? A purificação de todos os pecados. No caso das crianças, mesmo sem possuir pecados pessoais, têm o pecado original, próprio de todo ser humano: quem nasce em uma família pobre, nasce pobre; todos somos filhos da natureza humana, espiritualmente pobre, devido ao pecado de nossos primeiros pais. Essa graça do perdão nos torna filhas e filhos adotivos de Deus! Esse é o nosso grande título. Não há outro maior na terra!

No Batismo recebemos o Espírito Santo, somos morada de Deus; recebemos os dons do Espírito Santo: Fortaleza, Sabedoria, Ciência, Conselho, Entendimento, Piedade, Temor de Deus. O Pai nos reconhece como filhos porque o Espírito do Filho habita e age em nós. Por isso, o cristão é revestido da mais alta dignidade; sua vida transcorre como culto em espírito e verdade, e suas ações glorificam o Pai no dia-a-dia. Ali, passa a fazer parte da Igreja, corpo místico de Cristo, do qual ele é a cabeça e nós os membros (cf. 1 Coríntios 12,27; Efésios 1,22-23).

Por isso também as crianças podem ser batizadas, visto que é Deus quem age. Sirva de exemplo a vacina: faz efeito por si mesma, sem exigir que a criança entenda o que está recebendo.

A criança também deverá ser crismada. Os sinais da Crisma ou Confirmação são a imposição das mãos e a unção com o óleo do crisma. Por esses sinais o fiel é revestido do Espírito Santo com seus dons divinos e celestiais para viver a missão de Cristo neste mundo. A unção com o óleo do crisma configura o batizado mais perfeitamente a Cristo e confirma as graças concedidas no Batismo.

A Eucaristia coroa a iniciação cristã. Depois de a criança ter sido batizada, a mãe dirige-se ao altar com ela nos braços para apresentá-la ao Senhor. O Batismo se cumpre na Eucaristia. Participamos pela primeira vez da Páscoa de Cristo no Batismo e recebemos todos os dons de Deus. Agora temos a vida inteira para viver na condição de filhos de Deus e darmos nossa resposta de valorização aos dons recebidos. Isso acontece quando vivemos para servir. Em cada Eucaristia que celebramos, oferecemos nossa vida em Cristo, como oferta agradável, e assim, pouco a pouco, a transformação de nosso espírito no Batismo corresponderá à de nossa vida cotidiana em Cristo.

Daqui nasce a responsabilidade de os pais e padrinhos darem o testemunho de vida cristã e educarem a criança para que possa crescer na fé e achegar-se à mesa do banquete da Eucaristia. A educação na fé é tão importante para a criança batizada que a Igreja exige padrinhos, quais outros pais na fé que assumem o compromisso de ajudar os pais a educar espiritualmente o(a) afilhado(a).

Compromisso de fé

O Batismo na vida da criança não chega a produzir frutos até o momento em que for assumido pessoalmente. É certo que acontece a eficácia do sacramento, porque Deus age gratuitamente, sem nada em troca. Mas, para agir, a graça precisa do consentimento e da adesão da pessoa. Estes somente acontecem com a educação da fé ao longo da vida. A graça batismal está pouco desenvolvida, é potencial. Somente à medida que a criança vai crescendo na fé e no amor em sua relação pessoal com o Pai irá realizando sua personalidade de filho(a) de Deus. De maneira parecida acontece no nível humano: o fato de uma criança nascer comporta uma vinculação natural com seus pais, porém sua personalidade de filho — ser filho pessoalmente — irá desenvolvendo-se através de toda a existência.

Por isso, segundo o ensino e a prática da Igreja, é função dos pais e padrinhos assumirem a educação cristã da criança, batizada antes do uso da razão. Ao solicitar o Batismo para os filhos, pais e familiares serão os primeiros a se perguntarem sobre a própria vivência de fé. Esta acontece primeiramente pela formação do reto caráter com relação aos valores que norteiam a vida cidadã.

Na família acontece uma educação cristã mais testemunhada que ensinada, mais criadora de hábitos cristãos do que uma catequese organizada. Porém, um diálogo aberto sobre os conteúdos da fé cristã ensinada pela comunidade e sua relação com a vida familiar deverá buscar sempre a união entre a fé e a educação da criança.

As atitudes religiosas praticadas em casa são as que mais calam fundo no coração daquele que se desenvolve num "clima familiar propício de diálogo, de perdão, de solidariedade, de oração familiar e de participação na comunidade que envolve a criança desde o ventre materno".[1] Ver um pai rezar, uma mãe que convoca a família para a oração, ou, então, certas práticas características da família, como devoção a algum santo, missa dominical na paróquia, são as recordações que mais incentivam uma criança a desenvolver uma vida de fé. Talvez seja a hora de retomar antigos costumes que distinguem a família cristã:

Orar antes das refeições. Quando for possível, reunir a família ao redor da mesa para agradecer ao Pai pelos dons recebidos e pelo trabalho realizado. A mesa da família é continuação da mesa eucarística, a grande oração presidencial de uma alcança a oração, o diálogo, a amizade e o perdão que se serve na outra.

Participar da catequese própria com adultos. Muitas famílias, chamadas a introduzir os filhos no caminho da iniciação cristã,

---

[1] CNBB. *Diretório nacional de catequese.* São Paulo, Paulinas, 2006. n. 239b. (Documentos da CNBB, n. 84).

estão despreparadas para assumir sozinhas a responsabilidade da educação da fé. Ocorre que muitos pedem o Batismo para os filhos, mas deixaram de lado a própria vida de fé (ainda nem receberam os sacramentos da Confirmação ou da Eucaristia).

A participação em um Batismo é uma oportunidade para agradecer a Deus por termos recebido esse sacramento e para renovar nosso compromisso com Jesus Cristo, do qual devemos ser discípulos e missionários.

Rito para o Batismo de várias crianças[1]

Ritos de acolhida

Chegada

33. A reunião começa, quando possível, à porta da igreja ou em outro lugar apropriado. A acolhida seja feita por quem preside e pela equipe de celebração.

Saudação

35. **Quem preside** inicia um diálogo espontâneo com os pais, padrinhos e comunidade sobre o nome que escolheram para a criança, o desejo de batizá-la e suas disposições de educá-la na fé. Ou então diz:

Queridos pais e mães, vocês transmitiram a vida a estas crianças e as receberam como um dom de Deus, um verdadeiro presente. Que nome vocês escolheram para elas?

36. Os pais apresentam a criança à comunidade, dizendo o nome. Se for oportuno, ao final da apresentação, pode-se cantar uma aclamação ou bater palmas.

38. **Quem preside** convida pais e mães a dizer com suas próprias palavras o que estão pedindo à Igreja:

Queridos pais e mães, que pedem à Igreja de Deus para seus filhos e filhas?

---

[1] *Ritual do Batismo de crianças*, cap. I. Os números laterais das rubricas e orações são os do mesmo *Ritual*.

40. Pede aos pais e às mães que manifestem sua disposição de educar na fé seus filhos ou filhas:

Pelo Batismo, estas crianças vão fazer parte da Igreja. Vocês querem ajudá-las a crescer na fé, observando os mandamentos e vivendo na comunidade dos seguidores de Jesus?

Pais e mães: *Sim, queremos!*

41. Dirige-se agora aos padrinhos e madrinhas:

Padrinhos e madrinhas, vocês estão dispostos a colaborar com os pais em sua missão?

Padrinhos e madrinhas: *Sim, estamos!*

42. Pede também à comunidade que manifeste seu compromisso de fé e vida cristã:

E todos vocês, queridos irmãos e irmãs aqui reunidos, querem ser uma comunidade de fé e de amor para estas crianças?

Comunidade: *Sim, queremos.*

Sinal-da-cruz

Nosso sinal é a cruz de Cristo. Por isso vamos marcar estas crianças com o sinal do Cristo Salvador. Assim, N.N., nós as acolhemos na comunidade cristã.

44. O sinal-da-cruz na fronte das crianças é feito por quem preside, pelos pais e mães, padrinhos e madrinhas e, eventualmente, por algumas pessoas da comunidade.

Procissão de entrada

45. Se o rito de acolhida tiver sido feito à porta da igreja ou em outro local, faça-se uma procissão de entrada com o círio pascal, acompanhada de um canto.

46. Na celebração do Batismo fora da missa, **quem preside** conclui os ritos da acolhida com a oração:

Ó Deus, por vosso amor participamos do mistério da paixão e ressurreição de vosso Filho Jesus Cristo. Fortalecei-nos no Espírito Santo para que caminhemos na vida nova. Por Cristo, nosso Senhor.

Liturgia da Palavra

Proclamação das leituras e homilia

Oração dos fiéis

52. *Irmãos e irmãs, supliquemos a misericórdia de Deus por estas crianças, por suas famílias, padrinhos e madrinhas, e por todo o Povo de Deus, cantando (dizendo):*

Todos: *Lembrai-vos, Senhor!*

Das crianças que hoje renascem da água e do Espírito.

Todos: *Lembrai-vos, Senhor!*

Das famílias que apresentam seus filhos para receber a vida nova do Batismo.

Todos: *Lembrai-vos, Senhor!*

Dos padrinhos e madrinhas que assumem o compromisso de ajudar seus afilhados a crescerem na fé.

Todos: *Lembrai-vos, Senhor!*

Desta comunidade que acolhe estas crianças como pedras vivas e escolhidas de vossa Igreja.

Todos: *Lembrai-vos, Senhor!*

Dos pastores e ministros, servidores da graça e do amor de Deus.

Todos: *Lembrai-vos, Senhor!*

De todas as pessoas que na comunidade se dedicam à missão evangelizadora.

Todos: *Lembrai-vos, Senhor!*

De todas as pessoas que promovem a justiça e a paz no mundo.

Todos: *Lembrai-vos, Senhor!*

54. Invocação dos santos

Santa Maria, Mãe de Deus.

Todos: *Rogai por nós!*

São João Batista.

Todos: *Rogai por nós!*

São José.

Todos: *Rogai por nós!*

São Pedro e São Paulo.

Todos: *Rogai por nós!*

Santa Maria Madalena.

Todos: *Rogai por nós!*

Todos os santos e santas de Deus.

Todos: *Rogai por nós!*

Oração

55. Quem preside, os pais e as mães, os padrinhos e as madrinhas impõem as mãos sobre a cabeça das crianças e fazem uma oração em silêncio. Após alguns instantes, **quem preside** reza com as mãos estendidas:

Ó Pai, Senhor da vida, enviastes vosso Filho ao mundo para nos libertar da escravidão do pecado e da morte. Lembrai-vos destas crianças que deverão enfrentar muitas vezes as tentações do mal. Libertai-as do poder das trevas. Dai-lhes a força de Cristo e a luz do vosso Espírito, para que, livres do pecado original, vivam sempre como vossos filhos e filhas no seguimento de Jesus, que vive e reina para sempre.

Todos: *Amém.*

Unção pré-batismal

57. As mães preparem as crianças de tal modo que a unção possa ser abundante e expressiva. O presidente reza a ação de graças sobre o óleo e a cada invocação **a assembléia** responde:

Todos: *Bendito seja Deus para sempre!*

60. **Quem preside** unge o peito de cada criança, dizendo:

O Cristo Salvador lhe dê a sua força. Que penetre em sua vida como este óleo em seu peito.

LITURGIA SACRAMENTAL

Oração sobre a água

Há quatro formulários quando a água precisa ser abençoada e mais dois quando se usa água já abençoada; em cada um deles a assembléia aclama de forma diferente.

Promessas do Batismo

68. A renúncia e a profissão de fé são partes de um só rito. A palavra "renunciar" poderá ser substituída por outra expressão equivalente, como: "lutar contra", "deixar de lado", "abandonar", "combater", "dizer não", "não querer".

Queridos pais e padrinhos, o amor de Deus vai infundir nestas crianças uma vida nova, nascida da água pelo poder do Espírito

Santo. Se vocês estão dispostos a educá-las na fé, renovem agora suas promessas batismais:

Para viver na liberdade dos filhos de Deus, vocês renunciam ao pecado?

Pais e padrinhos: *Renuncio!*

Para viver como irmãos, vocês renunciam a tudo o que causa desunião?

Pais e padrinhos: *Renuncio!*

Para seguir Jesus Cristo, vocês renunciam ao demônio, autor e princípio do pecado?

Pais e padrinhos: *Renuncio!*

70. Quem preside convida pais e padrinhos a proclamarem a fé da Igreja. Pode-se sugerir um gesto nas respostas, como: levantar a mão ou pousá-la sobre o peito ou estendê-la em direção ao círio pascal.

Vocês crêem em Deus Pai todo-poderoso, criador do céu e da terra?

Pais e padrinhos: *Creio!*

Vocês crêem em Jesus Cristo, seu único Filho, nosso Senhor, que nasceu da Virgem Maria, padeceu e foi sepultado, ressuscitou dos mortos e subiu ao céu?

Pais e padrinhos: *Creio!*

Vocês crêem no Espírito Santo, na Santa Igreja Católica, na comunhão dos santos, na remissão dos pecados, na ressurreição dos mortos e na vida eterna?

Pais e padrinhos: *Creio!*

71. Esta é a nossa fé, que da Igreja recebemos e sinceramente professamos, razão de nossa alegria em Cristo, nosso Senhor.

Todos: *Demos graças a Deus!*

Batismo

72. Cada família se aproxima da água batismal. **Quem preside**, citando o nome da criança, pergunta aos pais e padrinhos:

Vocês querem que N. seja batizado(a) na fé da Igreja que acabamos de professar?

Pais e padrinhos: *Queremos!*

N., eu te batizo em nome do Pai, e do Filho, e do Espírito Santo.

78. Concluído o Batismo de todas as crianças, pode-se realizar o rito de aspersão da assembléia.

Unção pós-batismal

79. Quando for grande o número de batizados, pode-se omitir esta unção.

Queridas crianças, pelo Batismo, Deus Pai as libertou do pecado e vocês renasceram pela água e pelo Espírito Santo. Agora fazem parte do Povo de Deus. Que ele as consagre com o óleo santo para que, inseridas em Cristo, sacerdote, profeta e rei, continuem no seu povo até a vida eterna.

Todos: *Amém.*

80. Quem preside unge, em silêncio, a cabeça de cada criança com o óleo do crisma.

Veste batismal

N.N., vocês nasceram de novo e se revestiram do Cristo; por isso trazem a veste batismal. Que seus pais e padrinhos os ajudem por sua palavra e exemplo a conservar a dignidade de filhos e filhas de Deus até a vida eterna.

Todos: *Amém.*

Rito da luz

83. **Quem preside** apresenta o círio pascal e diz:

Recebam a luz de Cristo.

Todos: *Demos graças a Deus!*

84. O pai ou, na sua ausência, o padrinho, acende a vela no círio pascal.

Queridas crianças, vocês foram iluminadas por Cristo para se tornarem luz do mundo. Com a ajuda de seus pais e padrinhos caminhem como filhos e filhas da luz.

Todos: *Amém.*

Ritos finais

89. Se o espaço permitir, faz-se uma procissão até o altar, levando acesas as velas dos neófitos e cantando um cântico batismal. Todos rezam o Pai-nosso e recebem a bênção final.

Bibliografia

Bento XVI. Exortação Apostólica pós-sinodal *Sacramentum Caritatis* — sobre a Eucaristia, fonte e ápice da vida e da missão da Igreja. São Paulo, Paulinas, 2007.

Catecismo da Igreja Católica. São Paulo, Paulinas, 1998.

CNBB. *Batismo de crianças*. São Paulo, Paulinas, 1980. (Documentos da CNBB, n. 19).

———. *Diretório nacional de catequese*. São Paulo, Paulinas, 2006. (Documentos da CNBB, n. 84).

———. *Diretrizes gerais da ação evangelizadora da Igreja no Brasil – 2008-2010*. São Paulo, Paulinas, 2008. (Documentos da CNBB, n. 87).

V Conferência Geral do Episcopado Latino-Americano e Caribenho. *Documento de Aparecida*. São Paulo, Paulus/Paulinas, 2007.

Ritual do Batismo de crianças. São Paulo, Paulinas, 1994.

VV.AA. *El bautismo de niños*. Barcelona, Centre de Pastoral Litúrgica, 1987. (Dossiers CPL, 23).

Sumário

Impresso na gráfica da
Pia Sociedade Filhas de São Paulo
Via Raposo Tavares, km 19,145
05577-300 - São Paulo, SP - Brasil - 2019